Texto derechos reservados © 2013 Carmen Martínez Jover
www.carmenmartinezjover.com
Ilustraciones derechos reservados © 2014 Rosemary Martínez
www.rosemarymartinezartdesign.com.mx

ISBN: 978-607-00-8420-1

La Busqueda de Somy, un cuento de madres solteras por elección
1era edición noviembre 2014

Escrito por: Carmen Martínez Jover
Ilustrado por: Rosemary Martínez
Colaboradores: Abelardo, Mary Carmen Zepeda & Victor Nieto

Agradecimiento especial a:
Sandra K Dill A, CEO, Access Australia www.access.org.au
Presidente, Comunidad de Pacientes iCSiwww.icsicommunity.org
Sandra de la Garza, fundadora, www.ami-ac.com, autora "Cuando tarda la Cigüeña".
Rosa Maestro, fundadora, www.masola.org, autora "Cloe quiere ser Mama".

Todos los derechos reservados. Bajo las sanciones establecidas en las leyes, queda rigurosamente prohibida, sin autorización escrita de los titulares del copyright la reproducción total o parcial de esta obra y sus ilustraciones por cualquier medio o procedimiento, comprendidos en la reprografía y el tratamiento informático así como la distribución de los ejemplares mediante alquiler o préstamos públicos.

Dedico este cuento
con admiración a todas las
madres solteras por elección
quienes bailan con amor al
ritmo diario de la vida para
sacar adelante a sus hijos.
Carmen

Dedicado a todos aquellos
que se atreven a seguir
sus sueños.
Rosemary

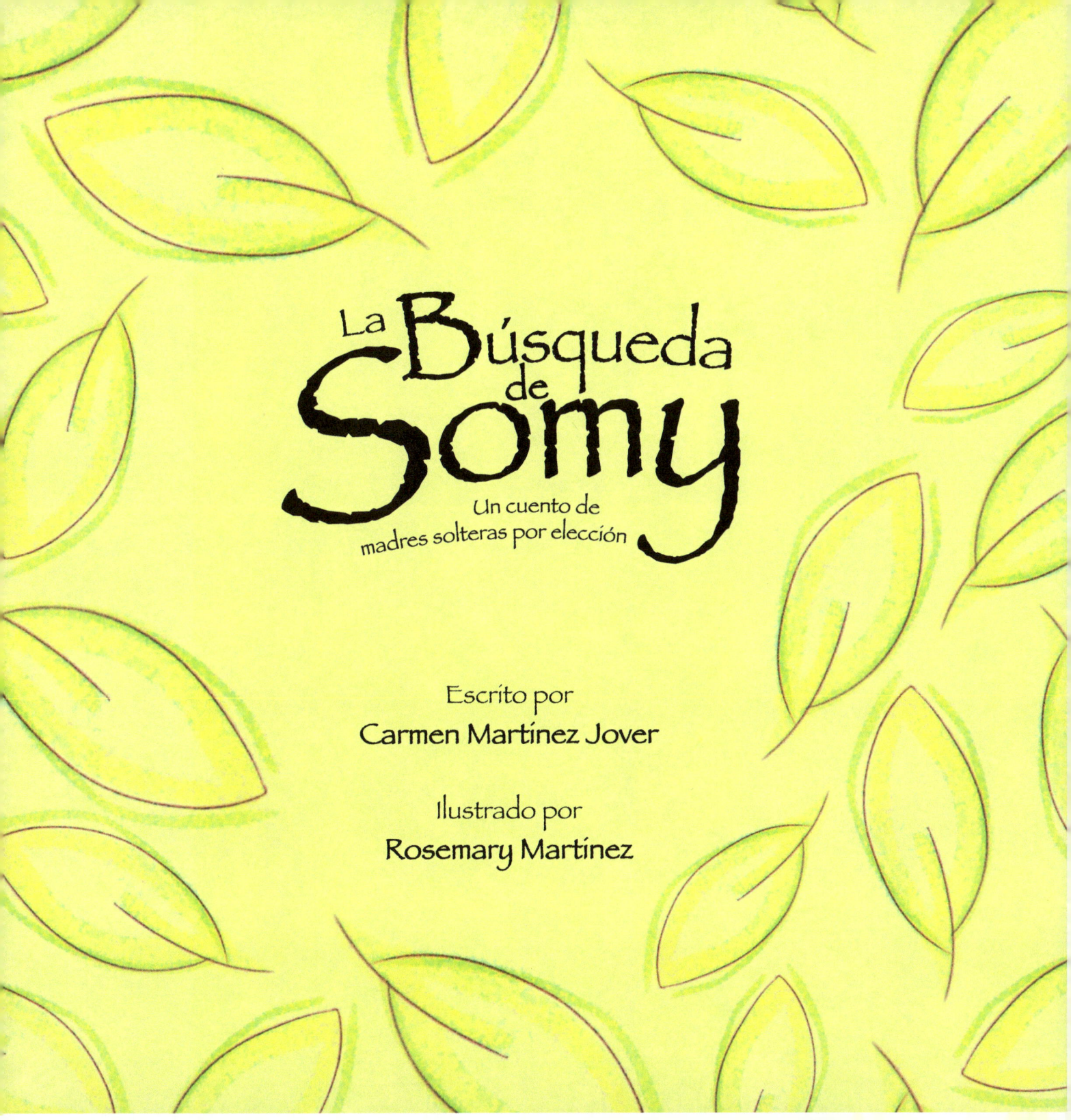

La Búsqueda de Somy

Un cuento de
madres solteras por elección

Escrito por
Carmen Martínez Jover

Ilustrado por
Rosemary Martínez

Érase una vez una
amigable e inteligente ardilla
llamada Somy.
Su nombre viene de Somilge,
la Diosa de la Magia.

Ella vivía en un árbol
muy acogedor que había
decorado a su gusto.

Somy amaba a los niños y quería tener el suyo propio.

Una noche, mientras Somy y su vecina Doris, estaban ordenando la casa después de haber celebrado su cumpleaños, Somy dijo:

"Me estoy haciendo mayor Doris, y realmente quiero tener mi bebé ardilla. Siento que se me está acabando el tiempo."

Así que Somy
se puso a buscar
esta persona especial
y conoció a:

Erizo Abrazador
y
Chihuahua Cautivador...

y
Ganso Erudito

y
Zorro Simpático...

"¡Ay Doris, estoy tan cansada! Conocí a muchos posibles compañeros, pero ninguno ha conquistado mi corazón. Y ninguno que podría ser un buen papá tampoco," dijo Somy.

"Estoy preocupada, Doris, siento que me estoy haciendo mayor para tener un bebé, y que si espero más tiempo entonces nunca podre tenerlo."

"Bueno", dijo Doris "tienes razón con el tiempo, los óvulos y el vientre se hacen mayores y las posibilidades de quedar embarazada son cada vez más reducidas."

¿Por qué no buscas un esperma de un donante?"

"Para tener un bebé ardilla" dijo Doris, "necesitas: un esperma, un óvulo y un vientre".

"Ya tienes un óvulo y un vientre, así que todo lo que necesitas es un esperma. Puedes conseguir uno donado del banco de espermas."

Así, que se fue Somy, la ardilla a visitar al Dr. Amare quien abrió el banco de esperma y le proporcionó un esperma a Somy.

En la misma clínica, el Dr. Amare juntó suavemente el óvulo de Somy la ardilla y el esperma donado en un tubo de ensayo y pacientemente los cuidó hasta que se fertilizaron y convirtieron en uno, formando un embrión, que es el comienzo de un bebé.

Cuando el embrión comenzó a crecer, el Dr. Amare lo puso en el vientre de Somyla Ardilla, donde continuó ... creciendo ... y creciendo... y creciendo.

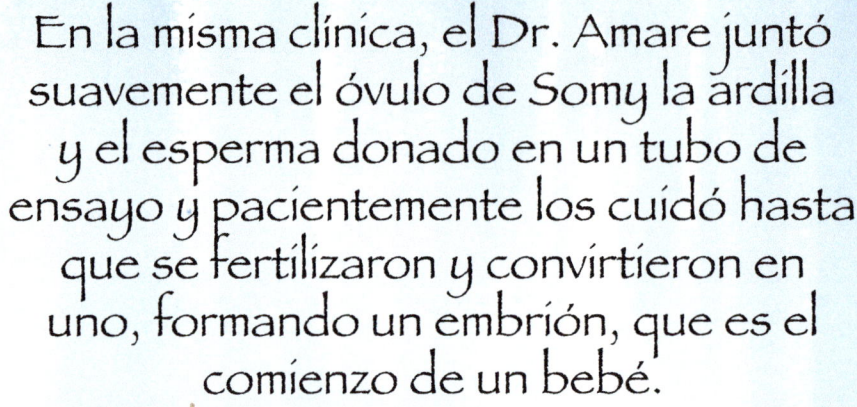

y luego en el vientre de Somy,
la ardillita bebé continuó ...
creciendo ... y creciendo...
y creciendo.

Los amigos y familiares de Somy estaban tan entusiasmados con su embarazo que organizaron un babyshower para la ardillita bebé.

¡Por fin Somy se convirtió en Mama!

¡La ardillita bebé nació!
¡Qué hermosura de ardilla bebé!!
¡Se convirtieron en una familia muy feliz!

Otros libros por
Carmen & Rosemary Martínez Jover

Adquirir en:
www.amazon.com
www.carmenmartinezjover.com

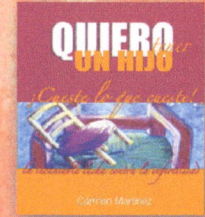

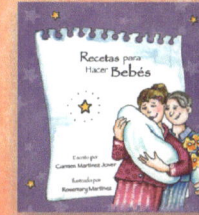

Quiero tener un hijo,
¡cueste lo que cueste!

Recetas para
hacer bebés

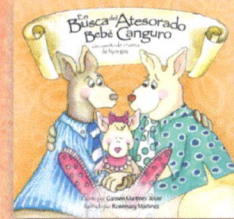
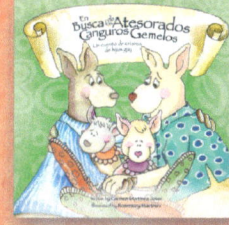

Un regalo de vida chiquititito,
cuento de donación de óvulos: niñas*

En busca del atesorado
Bebé Canguro

En busca de los atesorados
Bebés Canguros: gemelos

**Disponibles en:
English, Español, Français, Italiano,
Português, Svenska, Türkiye, Česky, Русский & עברית

www.ingramcontent.com/pod-product-compliance
Lightning Source LLC
Chambersburg PA
CBHW042022080426
42735CB00003B/137